Julián del Casal

Relatos

Edición de Ángel Augier

Barcelona 2024
Linkgua-ediciones.com

Créditos

Título original: Relatos.

© 2024, Red ediciones S.L.

email: info@linkgua.com

Diseño de la colección: Michel Mallard.

ISBN rústica ilustrada: 978-84-9953-5739.
ISBN tapa dura: 978-84-1126-648-2.
ISBN ebook: 978-84-9953-431-2.

Sumario

Brevísima presentación

La vida

Julián del Casal (1863-1893). Cuba.

Nació en La Habana el 7 de noviembre de 1863. Su infancia estuvo marcada por la muerte de su madre en 1868.

No terminó sus estudios de leyes y se dedicó a la literatura. Más tarde viajó a España con el deseo de visitar París. Pero nunca consiguió su propósito.

A su regreso a Cuba trabajó como escribiente en la Intendencia de Hacienda y como corrector y periodista. Su primer libro, *Hojas al viento*, fue publicado en 1890. En 1892 apareció *Nieve* y su volumen póstumo, *Bustos y rimas*, en 1893.

Es uno de los más relevantes poetas del modernismo junto a Martí, Gutiérrez Nájera y José Asunción Silva.

Murió la noche del 21 de octubre de 1893, durante una velada entre amigos, de una rotura de un aneurisma provocada por un ataque de risa.

La visión

La presente antología de *Relatos* de Julián Casal contiene textos diversos, entre otros: El velo, Una madre, El primer pesar, La casa del poeta, La tristeza del alcohol. Más allá de los lugares comunes del Modernismo latinoamericano la narrativa de Casal destaca por su visión peculiar y la atmósfera que recrea. En uno de estos relatos «Un sacerdote ruso», tras unas primeras líneas se lee:

Desde la altura de la blanca terraza, próxima al mar, bajo el toldo que forma el ramaje de verde enredadera, estrellado de flores violáceas, hay un grupo de gentes que contemplan, hundido el sombrero hasta las cejas y los anteojos nacarados entre los dedos, la salida de la fragata rusa que abandona nuestras costas.

Y en esa fragata, al final del relato, se describe a un sacerdote ortodoxo asomado por la borda extasiado mirando el trópico.

Relatos

El velo

Frente a su lecho de sándalo, cuyas cortinas blancas, ornadas de cintas azules, ondeaban al soplo de la brisa, como banderas vencedoras; un poeta, que llevaba siempre los ensueños más hermosos en la mente y las canciones más dulces en los labios, tenía prendido, con alfileres de oro, coronados de perlas, largo velo de gasa pálida guarnecido de encajes.

Un día, al entrar en su habitación, le pregunté:

—¿De quién es ese velo?

—Es de la mujer, de la única mujer que he amado en el mundo.

Tras corto silencio, clavando en mí sus ojos, donde temblaban gruesas lágrimas, como gotas de rocío en botones entreabiertos, exclamó:

—Hace tiempo que la conocí, al salir de la iglesia, cuya torre se divisa a lo lejos —añadió dirigiéndose al balcón—, detrás del ramaje de aquellos laureles.

Como yo estaba en la miseria, sus padres se negaron a casarla conmigo. Pero ella, vacía la mente de preocupaciones vulgares, rebosante el corazón de ternuras amorosas, se alejó, en noche tormentosa, al fulgor de los relámpagos y al ruido de los truenos, del hogar paterno.

Largo tiempo anduvimos errantes por los campos, entre las aguas que corren, las abejas que zumban y las flores que embalsaman el ambiente. Aunque éramos pobres, siempre estábamos contentos. Teníamos perennemente el amor en nuestras almas y el beso en nuestros labios.

Pero las dichas del hombre, como las flores, solo duran el espacio de una alborada.

Una mañana, al abrir los ojos, la encontré muerta. Su cabeza, coronada de rosas amarillas, descansaba sobre ancha piedra del camino; sus brazos, abiertos en cruz, parecían aguardar la ansiada caricia; sus ojos, entornados tristemente, semejaban flores marchitas; sus pies, al sentir el frío de la muerte, se habían ocultado entre las hojas secas.

Yo, desde aquel instante, tengo siempre ante mis ojos, ante mis ojos que la lloran, el velo que cubría su rostro, su pálido rostro de madonna, el día en que la vi, al salir del templo, por primera vez.

Y alejándose del balcón, cuyos blancos hierros estaban tapizados de verde enredadera, estrellada de flores moradas, me dijo el poeta, con triste voz, con voz más triste que la del viento al pasar por entre las ramas de los pinos solitarios, estas palabras:

—Cuando yo muera, amigo mío, haced que me sirva de mortaja el largo velo de gasa pálida, guarnecido de encajes, que perteneció a la mujer, a la única mujer que he amado en este mundo.

La Habana Elegante, 30 de octubre de 1887.

Cuentos amargos

Una madre

I

Allá lejos, en el fondo del bosque, escondida entre las hojas, como un nido en el chaparral, se encuentra una casa rústica, rodeada de árboles corpulentos y de plantas olorosas. Tiene un horizonte delicioso de contemplar. Al frente se mira el cielo azul, jaspeado de nubes blanquecinas, cuyos extremos filetea el Sol de rayas rojas, verdes, violetas, rosadas y amarillas. A la izquierda se desarrolla larga cadena de montañas que se rompe a trechos para dejar ver un espacio del firmamento. A la derecha se divisa la ciudad donde los edificios se presentan apiñados, destacándose en el aire las siluetas de los altos torreones y las fachadas marmóreas de aristocráticos palacios.

El aire que se respira en este sitio está saturado de balsámicos olores. Profunda calma se cierne sobre todas las cosas. Solo se oye, de tarde en tarde, el silbido de lejana locomotora, el galope de rápido corcel, el mugido ronco del toro, el canto de algún pájaro y el murmullo apagado de las ondas al estrecharse en las rocas. Este silencio que parece descender de las alturas se dilata por la atmósfera, se extiende por las verdes campiñas y se infiltra hasta el fondo de las almas para adormecer los pesares más íntimos e infundir sensaciones de inexplicable bienestar. Parece que el hombre se siente allí mejor en medio de aquel Edén salvaje, lejos de sus semejantes y rodeado de seres invisibles.

Dentro de la casa todo revela orden, pobreza y pulcritud. Ningún objeto está fuera de lugar. Se adivina la mano de hacendosa mujer que barre incesantemente el pavimento de ladrillo, impide a las arañas colgar sus telas de la pared, quita el polvo de los muebles y riega las flores abiertas en las macetas. Tampoco se encuentra ninguna cosa superflua. Viejas estampas de santos, amarillentas por los extremos y encuadradas en varillas doradas se destacan en la pálida blancura de los muros. Ante aquellos se postra, en horas de abatimiento, una piadosa mujer, cuya figura enmagrecida circula a veces como fantasma silencioso por aquel interior.

Desde hace mucho tiempo, esa pobre mujer de cabellos blancos, de frente rugosa, de mejillas demacradas y de miradas extinguidas, ocupa la casa, en compañía de su hijo, único ser que hace latir su corazón. Fuera de este hijo, nada existe para ella. Fruto de sus primeros amores, lo colma de agasajos, lo cubre de besos y lo estrecha entre sus brazos temblorosos. Ella siente por él lo que la concha por su primera perla, lo que el árbol por su primer fruto, lo que la planta por su primera flor. Nunca el más leve disgusto ha interpuesto su sombra entre los dos. Juntos soportan la vida, en aquel lugar solitario, para cumplir las prescripciones facultativas que desterraron a la enferma mujer a la soledad de los campos. Ella pasa el día sola, entregada a las ocupaciones domésticas, mientras el hijo trabaja en la ciudad. Al fin de la semana, éste entrega puntualmente a la madre el producto de sus ganancias. Éstas son bastantes cortas y solo alcanzan para cubrir las primeras necesidades.

II

Cada día que transcurre, el hijo regresa más tarde al hogar. La madre inquiere la causa de la tardanza y nunca obtiene respuestas favorables. El fruto de sus entrañas encuentra siempre nuevos pretextos para calmar las inquietudes maternales. Unas veces lo detiene un amigo de la infancia, lo lleva al café y lo distrae largo rato; otras veces el trabajo aumenta, las horas de oficina se prolongan y los empleados no pueden salir. La pobre mujer no dice una palabra y rumia en silencio sus pesares. Limítase a escucharlo y a prodigarle más tiernas caricias.

Desde que empieza a oscurecer, apoya sus codos afilados, en el hueco de la ventana, para sostener sus sienes abrasadas y mirarlo venir. Cada minuto que huye, abre profunda herida en su corazón. El amor le hace ver a su hijo rodeado de peligros. Hay días en que tarda tanto, que ella se mesa los cabellos, exhala gemidos desgarradores, vierte lágrimas copiosas y tiene que echarse en un sillón porque le flaquean las rodillas y se siente desfallecer. Pero, apenas lo divisa, entre nubes de polvo, a través del follaje de los árboles del camino, su cuerpo se reanima, sus pupilas se encienden, sus mejillas se colorean y una sonrisa de gozo recorre el arco de sus labios empalidecidos.

Apenas entra el hijo, se arroja en sus brazos. Temerosa de que le haya sucedido algo, le palpa los miembros fatigados, como si buscase el sitio en que le han herido; le clava los ojos en el rostro para arrancarle el secreto de su demora; y lo estrecha contra su seno tembloroso, pidiéndole perdón por haber dudado de su cariño, de sus palabras y de su abnegación. Al fin la calma se restablece y se sienta a comer. Ella le sirve los mejores trozos de cada manjar, en el plato de blanca porcelana, limpio como una patena y brillante como un espejo. Durante la comida no hace más que espiar sus movimientos. Quiere adivinar sus más recónditos deseos y darles inmediata satisfacción. Al levantarse de la mesa se dirigen abrazados al salón. Allí ella se entrega a sus labores femeninas y él lee en alta voz un libro de cuentos fantásticos.

Una noche el hijo regresó más tarde que de costumbre. Probó algunos bocados y no desplegó los labios para hablar. Arrepantigóse en un sillón, cambió de postura varias veces, encendió muchos cigarrillos y no hizo más que bostezar. Extraña inquietud agitaba sus miembros. Parecía que llevaba, en el fondo de su mente, una idea negra que lo torturaba, le roía el cerebro, le paralizaba la voluntad y le absorbía las facultades de sentir, pensar y querer.

Antes de acostarse, la madre le dirigió numerosas preguntas acerca de su malestar. Respondióle que estaba muy fatigado y solo quería dormir. La madre insistió de nuevo y se echó a llorar. Al ver las lágrimas de la anciana, el hijo se levantó de su asiento, recobró su aspecto tranquilo, enjugó el llanto de los ojos maternos y cubrió de besos sus mejillas.

Reanimada la pobre mujer, lo apretó contra su seno y llena de inefable ternura le preguntó:

—¿Qué te pasa —le decía— que estás tan triste? ¿No tienes bastante confianza conmigo para contarme tus penas? ¿Te ha sucedido algo malo?

—No.

—¿Estás enamorado y no corresponden a tu amor?

—Tampoco.

—Vamos, dime la verdad.

—Pues bien, estoy enamorado.

—Y ¿por qué no te casas?

—Porque no gano lo necesario para el sostenimiento de tres personas.

—Eso no importa. Soy vieja y tengo pocas necesidades. Lo que me has dado hasta ahora será en lo sucesivo para tu mujer.

—De ninguna manera: mientras vivas no me casaré jamás.

III

A medida que pasa el tiempo, la pasión, como llama devastadora, crece en el espíritu del enamorado. A pesar de sus pocos años parece que cuenta más de diez lustros. Tiene el rostro demacrado, las espaldas encorvadas, las manos temblorosas y los ojos vidriosos de los agonizantes. No se le ve sonreír y vive entregado a profundas cavilaciones. Las fuerzas le abandonan y el más ligero esfuerzo le fatiga. Hasta la presencia de su adorada le tortura porque le hace sentir deseos más ardientes. Las caricias maternas le abruman y rehuye la compañía de los amigos.

Cansada la madre de verlo languidecer, se resolvió a tomar una resolución. Fue una resolución extrema, de esas que solo pueden tomar las buenas madres para salvar la vida de sus hijos. Tendríamos que remontarnos a la más lejana antigüedad, si quisiéramos hallar un ejemplo semejante de cariño, valor y abnegación. El mundo moderno está poco acostumbrado a tales heroísmos. Hay madres contemporáneas que se avergüenzan de tener hijos y que lamentan el nacimiento de ellos. El temor a perder la belleza de las formas las preocupa más que sentir el remordimiento de las parricidas.

Un día que nuestro héroe se hallaba más pálido, más abatido y más intranquilo que de costumbre, la madre sintió pasar por su mente un pensamiento sombrío y fascinador. Era la hora de la comida. Sentados a la mesa, cubierta de blanco mantel, donde la lámpara de aceite, bajo su pantalla verde, arrojaba amarillenta claridad, los dos seres permanecían taciturnos y silenciosos. No se oía más que el ruido de los cubiertos al chocar en los platos. Parecía que se formaba, en el alma de aquellos comensales, formidable tempestad, cuyos efectos desastrosos empezaban a sentir. Al fin no tardó en estallar.

Sacando un papel de sus bolsillos, la madre vertió, en su copa de vino, una dosis de polvo abrillantado que se oyó fermentar. Antes de llevarla a sus labios, se detuvo algunos momentos. Concentrando su potencia visual, clavó sus miradas en el rostro de su hijo, apuró el líquido envenenado y se abalanzó hacia él no sin decirle, con la voz temblorosa y los ojos preñados de lágrimas:

—¡Ya te puedes casar!

La Habana Elegante, 26 de enero de 1890.

Historias amargas

El primer pesar

I

Armando Morel, uno de los amigos que el tiempo me ha arrebatado en sus ondas negras, sin dejarme el consuelo de ir a derramar una lágrima o a echar un puñado de flores sobre la tierra que oculta sus despojos, porque está enterrado muy lejos, en la brumosa Alemania, país en el que soñábamos vivir juntos, él para entregarse al estudio de la música de Wagner y yo para engolfarme en las especulaciones de la filosofía alemana, ambas cosas muy adecuadas a nuestro carácter, a nuestros gustos, a nuestros temperamentos y hasta a nuestras facultades, era un ser puro, bueno y cándido, es decir, un ser excepcional, de esos que, al recordarlos, después de cierto número de años, nos hacen dudar de si han existido tal como los recordamos o si nuestra fantasía es la que los ha dotado de cualidades que les atribuimos y echamos de menos en las personas que sentimos a nuestro alrededor.

Habiendo vivido siempre a la sombra de su familia, ignoraba todavía, en la época a que me refiero, los tormentos que el destino reserva a cada mortal. En el cáliz áureo de su dicha ninguna mano había derramado una sola gota de hiel. Las mujeres le parecían ángeles que veraneaban en la tierra y los hombres unos santos bajados de sus altares. Raras veces advertía una falta en los demás. Todo lo veía a través de una especie de monóculo róseo, hecho de grueso rubí y montado en fino aro de oro, tal como lo soñaba su imaginación.

Era imposible encontrarlo sin sentirse atraído por él. Tenía los cabellos rubios, de un rubio sedoso y blanquecino, que le daban el aspecto, al caer en bucles sobre sus espaldas, de un príncipe de la dinastía de los merovingios. Sus labios eran rojos, carnosos y sensuales. Detrás de sus ojos azulados, de un azul de turquesa enferma, su alma estaba asomada constantemente, esparciendo un relente de ternura sobre los objetos próximos. El color de sus mejillas era semejante al de las rosas-reinas. La expresión de su rostro solo podía compararse a la de las figuras angélicas que circulan por las páginas de las leyendas cristianas.

Viéndolo echado sobre el regazo de su madre, se pensaba en Adonis adormecido en las rodillas de su Venus. Las mujeres de alguna edad lo sentaban sobre sus piernas, le cubrían la frente de besos y experimentaban cierta voluptuosidad en acariciarle los rizos o en sentir el cosquilleo que el bozo del adolescente les hacía en las mejillas. De haber vivido en la época de Enrique III de Francia, hubiera sido el paje favorito de las damas de la corte. Tenía el tipo verdadero del mignon y la femineidad propia de los niños que se hacen hombres entre las paredes de su hogar, respirando un ambiente saturado de cariño, de pureza y de bondad.

Así llegó a los veintidós años, soñando siempre y admirándolo todo, sin saber que la vida a semejanza de la flor roja y negra, de la que hablan los poetas asiáticos, oculta en su seno, un olor deletéreo que, si se percibe una vez, no se aleja del olfato jamás.

II

Al cabo de algún tiempo se internó en el mundo.

Terminados sus estudios elementales, bajo la dirección de reputados profesores, su familia pensó en hacerle seguir una carrera, tal como convenía a su rango y como se acostumbra a hacer. Consultada su vocación, manifestó que iba a ser abogado. Pero eligió esta carrera, no porque le gustara, sino porque le parecía la menos repugnante de todas. Dotado de verdadero temperamento musical, no encontraba más placer que el de entregarse al estudio de las grandes composiciones de sus maestros predilectos. Solo por complacer a su madre se decidió a penetrar en las aulas universitarias, donde empezó a conocer la vida, aprendiendo también muchas cosas que ignoraba hasta entonces.

Aunque había visto, en los salones de su casa, mujeres hermosas de todas las edades, su corazón no había latido por ninguna de ellas. Como todos los artistas de corazón, experimentaba ante la belleza una sensación inmaterial que se convertía en un éxtasis largo, silencioso y sagrado, que le absorbía por espacio de muchos días. Después de haber visto una verdadera hermosura, se quedaba aletargado, como el que toma una fuerte dosis de morfina, sin que la carne participara de tal estado de ánimo que le imposibilitaba para hacer otra cosa que soñar. Todo lo contrario le ocurría a la vista de las mujeres de baja condición social. Delante de ellas, una agitación intensa despertaba sus sentidos, excitándolos hasta la congestión, porque la ley del contraste es la única que domina ciertos temperamentos, por más exquisitos y delicados que sean. En los últimos vástagos, como Armando Morel, de una familia de raza fina, nerviosa y degenerada, suelen manifestarse siempre tan inexplicables preferencias.

Una tarde que vagábamos juntos, por magnífico paseo, bajo las ramas de los laureles, donde los gorriones acudían, gozosos y ligeros, a esconderse de la sombra de la noche, vimos pasar, en magnífica victoria, tirada por cuatro parejas de caballos, montadas por lacayos de cabellos empolvados, una mujer hermosísima, una de esas diosas a la moda, seguida por numerosos jinetes entre doble filas de carruajes. Tenía la belleza alocadora de las Cleopatras, de las Faustinas y de toda esa legión femenina que vive todavía en el recuerdo de la humanidad. Viéndola en su coche magnífico, traía a la memoria la figura trazada por los historiadores de madame Recamier, cuando se presentaba vestida de Aspasia en Longchamp, dentro de una carroza dorada, envuelta en un peplo, calzada con sandalias que dejaban ver su pie rosado sobre una piel de tigre, sueltos los rizos por la espalda y encadenado el brazo desnudo de magníficos camafeos, recibiendo los homenajes de más de veinte mil admiradores.

Desde esa tarde, mi amigo se enamoró locamente de aquella mujer que, como una visión de otro siglo, había pasado ante sus ojos, dejando en ellos el deslumbramiento que produce la contemplación de algunos de nuestros ideales más acariciados. Vanos fueron los medios empleados para curarle de su pasión. Nada le distraía. Hasta la música le hastiaba. Vivía sumergido perennemente en ese estado de somnolencia estúpida que el amor engendra en ciertos caracteres y esquivaba la compañía de los amigos que se atrevían a darle consejos.

¡Pobre Armando! ¡Cuán pronto se convenció de que todos tenían razón, menos él!

III

Era una noche de carnaval.

Las calles estaban llenas de grupos numerosos de gentes alegres que invadían las aceras, se aglomeraban en las esquinas y se introducían en los cafés, donde se atiborraban de alcohol, yendo luego a desaguar, como inmundicias de la cloaca social, al primer teatro de la población, lugar en que se confundían, bajo diversos disfraces, todas las clases de la sociedad.

En la sala reinaba gran animación. Bajo la araña central, rodeada de triple cordón de bombillos de cristal cuajado, como el cuello de una mujer de triple sarta de perlas, las parejas se deslizaban, por el pavimento de madera, a los acordes de la danza. El gas hacía resplandecer los trajes caprichosos. Ya pasaba una reina con su manto de púrpura y su corona esmaltada de pedrería; ya un trovador antiguo, con el arpa al hombro y la canción entre los labios; ya una dama del siglo pasado con su peluca blanca y su rostro carmíneo estrellado de lunares; ya una juglaresa, con su traje de muselina y ornada de ajorcas, brazaletes y collares; ya una ondina de traje blanco cubierta de algas y cabellera rubia nevada de perlas; ya en fin, una multitud de dominoes azules, negros, verdes, rojos y amarillos.

Arrastrado por la muchedumbre, el héroe de esta historia se había refugiado en el teatro, donde no hacía más que andar de un extremo a otro de la sala, paseando su mirada melancólica sobre el rebaño humano que se divertía y experimentando la sensación de aislamiento entre la multitud. El dolor de su alma se acrecentaba entre la alegría de los demás. Su rostro, donde se veía tanta nobleza de raza y tanta amargura comprimida, formaba un contraste singular con el de los hombres que, despojados del antifaz, vagaban alrededor de las parejas danzantes, aspirando el olor de aquellos cuerpos unidos, frotados y malolientes.

Ya se disponía a retirarse, cuando se le ocurrió dar una vuelta por el salón de cenar. Allí el bullicio era mayor que en la sala. Del fondo de los gabinetes salían cantos, gritos, risotadas, taponazos, besos y fermentos de alcoholes. Muchas parejas aguardaban que se desocuparan las mesas para abalanzarse de seguida sobre ellas.

Ansioso de contemplar lo que pasaba en el interior de los gabinetes, Armando introdujo sus miradas por los intersticios de las maderas, satisfaciendo su curiosidad. De pronto retrocedió al llegar a uno de ellos. Dentro de la pieza había una pareja sentada a la mesa, cuajada de flores, frutas y licores. Al asomarse mi amigo, vio a la mujer de sus sueños, vestida de *Salambó*, que se levantaba gradualmente de su asiento para alcanzar con sus dientes pequeños, perlados y puntiagudos, un racimo de uvas que, como un ramillete de perlas verdes, temblaba en la boca desdentada de un viejo banquero que la acompañaba y que, con la faz congestionada y con los ojos desencajados, se inclinaba fuera de su sitio estirando el brazo derecho para estrechar la cintura de aquella mujer.

Entonces se retiró, lívido, jadeante, sin poder sostenerse de pie, buscando el apoyo de las paredes, como un hombre ebrio, para no caer al suelo. Y, al salir a la calle, ciego de cólera y transido de dolor, después de exhalar un fuerte sollozo que le comprimía la garganta, se alejó de las calles ruidosas, internándose en las avenidas oscuras y desiertas y alzando frecuentemente los ojos enrojecidos hacia el espacio azulado, como si buscara su dolor, a través de los encajes verdes de las hojas de los árboles, la mirada consoladora de las estrellas.

La Habana Elegante, 10 de agosto de 1890.

La casa del poeta

I

Atardecía. El disco rojo del Sol, como redonda mancha de sangre, caída en manto de terciopelo azul, rodaba por la bóveda celeste hacia el fondo del mar. El aire estaba impregnado de aromas suaves, sutiles y embriagadores. La niebla envolvía entre sus pliegues, a manera de sudario de gasa, agujereado a trechos, las verdes cumbres de las montañas lejanas. Se oía a lo lejos, entre el ruido de los carruajes, el mugido imponente del mar, cuyas ondas verdinegras, franjeadas de espumas blancas, se hinchaban monstruosamente, se erguían coléricas y se estrellaban contra las rocas puntiagudas.

Deseoso de hacer ejercicio, yo había salido, en la tarde aquella, a recorrer las calles, experimentando ese bienestar que produce la ausencia de ideas en el cerebro y la terminación de las labores cotidianas. Nada me preocupaba. Distraído por el aspecto de las cosas, había andado más de una hora, sin rumbo fijo, hasta llegar a una de las alamedas centrales de la población, donde un grupo de niñas, rubias unas y morenas otras, bailaban en torno de una fuente, mientras las ayas, con sus cofias de encajes y con sus delantales blancos, permanecían alejadas a cierta distancia, dirigiendo frecuentemente sus miradas melancólicas a los transeúntes.

Ancha nube cenicienta se interpuso ante el Sol. Detrás de ella, impulsado por el aire, se precipitó un ejército de nubecillas róseas, verdes, moradas, purpúreas y amarillas, fundiéndose en una sola de color gris, de un gris metálico, que se fijó, como enorme murciélago de alas abiertas, en mitad del firmamento azul. Una ráfaga de viento, salida del mar, se extendió por la ciudad, levantando un remolino de polvo que envolvió las siluetas de las torres, palacios, árboles y paseantes. La lluvia empezó a caer. A los pocos minutos no se escuchaba más que el ruido monótono del agua que descendía incierta sobre las calles tristes, lodosas, desiertas.

Antes de empezar a llover, había formado el proyecto de encaminarme a una casa próxima, donde habitaba, en compañía de sus hijos, la viuda de un compañero de colegio, poeta de fantasía poderosa y de estilo irreprochable, muerto prematuramente, sin haber realizado las esperanzas que hiciera concebir. Pero la lluvia no me permitió llegar. Huyendo de ella me guarecí en un café inmediato, resuelto a hacer la visita tan pronto como acabara de llover. Mientras aguardaba que escampase, sentí surgir en mi memoria la figura del poeta rodeada de esa bruma melancólica que el recuerdo de los muertos esparce en nuestro corazón. Recordé su carácter enigmático, sus aventuras amorosas, sus gustos aristocráticos, sus proyectos literarios, su matrimonio realizado en pocos días, sus triunfos artísticos y, más que nada, la inercia inexplicable en que cayó después de haber alcanzado esos triunfos.

Sintiendo que este enigma me torturaba demasiado el pensamiento, me levanté de la mesa y salí a la calle, porque el aguacero estaba a punto de cesar.

II

Poco después llamaba a la casa.

Era de aspecto sencillo y vulgar. Junto a la puerta pintada de color marrón, tenía una ventana alta, tras cuyos barrotes de hierro, manchados por los lunares rojizos de la oxidación, se veían dos postigos completamente cerrados. Ningún ruido interno llegaba al exterior. Al cabo de algunos momentos, una criada se asomó por uno de los postigos, lo cerró de seguida y me abrió la puerta.

Envié mi tarjeta y me senté a esperar.

La criada se alejó, reapareció de nuevo, encendió el gas y me dijo que la señora iba a venir.

Durante el tiempo que tardó en aparecer, me puse a examinar el interior, donde nunca había penetrado, porque después del matrimonio de mi amigo yo me había ido a viajar. Conocía a su mujer porque me la había presentado en un teatro. Pero no había ido a visitarla. De vuelta de mis viajes supe que él había muerto, a los tres años de matrimonio, de una enfermedad del corazón.

Y aplazando la visita de un día para otro, no la había ido a hacer hasta entonces.

La sala era pequeña, bastante incómoda, de forma cuadrangular. Las paredes estaban sucias, húmedas y salitrosas. En las esquinas cerca del techo, se veían manchones negros, semejantes a telarañas humedecidas. Tenía el piso de ladrillos, mitad rojos, mitad amarillentos, sobre el cual habían quedado impresas las huellas de los pies mojados de la criada que me acababa de abrir.

Frente a la ventana de la calle se alzaba un estrado vulgarísimo, compuesto de un sofá y seis butacas, bajo el cual se abría una alfombra de fondo rojo, jaspeada de flores casi descoloridas por los años. Encima del sofá colgaba un espejo oval, rodeado de marco negro, cubierto de un velo de tarlatana verde, donde un enjambre de moscas se había detenido a reposar. Debajo de éste, un retrato de mujer. Sobre la mesa del centro, dos búcaros de porcelana ordinaria, repletos de papeles hasta los bordes, cuyos filetes dorados se empezaban a descolorear. Alrededor del estrado, se alineaba una docena de sillas pegadas a la pared.

De cuando en cuando llegaba hasta la sala, por una puerta lateral, un vaho repugnante de cocina que, mezclado al lloriqueo de un chiquillo, me hacía insoportable la permanencia en aquella sala donde yo buscaba vanamente algún detalle que me recordara el gusto fino, aristocrático y refinado de aquel camarada de mi juventud y que, a la par de recrearme la vista, disipara la tristeza que el recuerdo del desaparecido había amontonado en mi corazón.

Una mujer se presentó ante mis ojos. Era alta, robusta, de fisonomía estúpida, repulsiva a simple vista y más repulsiva después. Venía envuelta en peinador blanco, completamente liso, que moldeaba lo ancho de su cintura y la redondez de sus caderas. Su rostro, manchado de pecas, carecía de expresión. Estaba algo acatarrada y se llevaba frecuentemente el pañuelo a las narices. Sus modales eran ordinarios. Hasta el timbre de su voz me repelía. Todo revelaba que era una mujer vulgar, una gallina humana, como diría un discípulo de Schopenhauer, apta solo para cuidar la casa y dar a luz cada nueve meses.

Inútil fue que pretendiera hacerla hablar de su marido. Cada vez que trataba de llevar por ese camino la conversación, me respondía vagamente, como si nada recordara, demostrando siempre la misma calma estúpida en su espíritu y la misma sinceridad grosera en sus palabras.

Después de media hora de visita, tomé el sombrero y me despedí de ella, sabiendo solamente que mi amigo le había dejado tres hijos.

III

La lluvia había recomenzado a caer.

Era una lluvia fina, monótona y silenciosa, una de esas lluvias de las tardes otoñales, que cubren de lodo el pavimento de las calles, saturan la atmósfera de humedad y engendran una melancolía intensa en los temperamentos nerviosos. A través de las gotas que formaban una especie de cortina de hilos perlados, las luces amarillas de los faroles encendidos que brillaban en las alamedas, entre filas de árboles, parecían blandones fúnebres agitados por ráfagas glaciales.

Un coche pasaba y me introduje en él. Mientras llegaba al punto de mi dirección, no pude apartar de mi memoria el interior de la casa que acababa de abandonar. Y no solo me expliqué que mi amigo dejara de cultivar las letras, en los albores de su gloria, después de haber alcanzado triunfos ruidosos, sino me asombré también, dado su carácter, sus gustos y sus cualidades, de que hubiera podido vivir tres años al lado de aquella bestia, de aquella mujer.

La Habana Elegante, 17 de agosto de 1890.

La tristeza del alcohol

¿Qué enfermedad es comparable al alcohol?
Edgar Allan Poe

I

—¿No te parece —dijo Gustavo a su amigo Adolfo, después de terminada la comida, una de esas comidas fraternales, en que los amigos íntimos se cuentan sus proyectos, sus amoríos, sus goces, sus tristezas y hasta sus miserias desconocidas—, no te parece que debemos pedir una botella de champaña?

—No, no, de ninguna manera.

—¿Por qué?

—Porque he bebido demasiado borgoña y temo que se me suba a la cabeza.

—¿Qué dices?

—Lo que oyes.

—¿Te has vuelto sobrio al cabo de tus años?

—No, pero no tomo más.

—Y ¿a qué se debe ese cambio repentino?

—A nada. He resuelto no tomar más alcohol.

—Ya lo supongo; pero esa resolución obedece a alguna causa.

—¡Ahora no tengo ganas de hablar de eso! ¡Vámonos a la calle!

—Espérate. Además ¿a dónde vamos a ir? Hoy es víspera de fiesta y no se encuentran más que tenderos, zapateros, bodegueros y una multitud de desconocidos que, como una legión de insectos de una piedra levantada, salen de sus guaridas en días como éste y se esparcen por todas partes.

—Prefiero codearme con esa gente a estar respirando el olor de los manjares que hay en los gabinetes inmediatos.

—Bueno, vámonos donde quieras, pero con una condición.

—¿Cuál?

—La de que me prometas contarme la causa que te ha obligado a dejar el alcohol.

—Te lo prometo.

Y, cogidos del brazo, los dos amigos salieron del restaurant, resueltos a dar un largo paseo, después de tomar de la mesa un par de rosas encarnadas que agonizaban en un búcaro japonés.

II

Apenas echaron a andar, Adolfo preguntó a Gustavo:

—¿Conoces las obras de Edgardo Poe?

—Casi todas.

—¿Recuerdas la historia del Gato Negro?

—Sí.

Hay allí una pregunta suelta, misteriosa y sutilmente ligada a la narración, que encierra un mundo de ideas y que a muchos habrá hecho sonreír. ¿Qué enfermedad es comparable al alcohol? —dice el autor—. Pregunta de borracho, exclamarán algunos que no tiene respuesta. Yo mismo, yo que te hablo, que te la recuerdo y que trato de explicártela, yo mismo la he pasado por alto, sin darle importancia alguna, muchas veces. Pero ahora comprendo perfectamente, y te digo que no hay tristeza, sí, que no hay tristeza mayor que la engendrada por el alcohol. Ésa es la enfermedad de que habla Poe y voy a describírtela de la mejor manera posible. No sé si acertaré.

Tú me conoces demasiado hace ya muchos años. Tú sabes que yo he sentido siempre, desde la infancia, una tristeza inmensa, desoladora y cruel. Esto no es extraño. Se nace triste o alegre, como se nace enfermo o sano, bueno o malo, inteligente o estúpido. Esa tristeza desesperaba a mi madre, porque no la encontraba justificada. Ella hacía esfuerzos inconcebibles para distraerme, sin lograr su objeto. Si me divertía un momento, la tristeza en que luego me abismaba era mucho mayor. Y no solo me encontraba siempre triste sino que me era imposible ver a algún ser alegre a mi alrededor.

A medida que iba creciendo, mi estado de ánimo se agravaba más. Y, sin embargo, nadie descubría la causa, porque yo era un niño mimado, rodeado de ternuras y de todo lo que hace la vida alegre y fácil de soportar. Se me colmaba de besos, de caricias y de juguetes. Pero yo me aburría de todo al momento. Yo estaba hastiado de lo que conocía y prehastiado de lo que no conocía, de lo que no quería conocer.

Queriendo disipar mi tristeza, porque la vida se me hacía insoportable, me arrojé desenfrenadamente en brazos de los placeres. A los dieciocho años, estaba hastiado de todos. Entonces comencé a viajar. Durante mi permanencia en Inglaterra, aprendí a tomar el alcohol. Para combatir la nostalgia que me seguía por todas partes, como un lobo hambriento detrás de un cordero, empleaba dos medios momentáneamente eficaces: poseer el mayor número posible de mujeres, hasta aniquilar mis fuerzas o tomar el mayor número posible de licores, hasta sentir las primeras náuseas. Después de ambos excesos, yo caía en un sueño profundo, pesado y brutal, del que tardaba muchas horas en salir.

Tengo ya treinta y dos años. Yo he visto morir a mis padres, víctimas de crueles enfermedades; tras largos años de indecibles sufrimientos morales he sentido desplomarse mi hogar sobre mis hombros, como pulverizado por una descarga formidable, sin que me quedase el consuelo de pasearme sobre sus ruinas; he sido el esclavo de cien mujeres, que han ejercido contra mí la triple tiranía de la belleza, del amor y de la debilidad; he llegado a los últimos límites de la miseria, en países extranjeros, casi hasta llamar a la puerta del hospital; he estado cuatro años en la guerra, sin esperar más que la derrota; he vivido esperando la muerte, por espacio de cuarenta horas, en el medio del mar, bajo la influencia de pavorosa tempestad; he experimentado en fin los mayores sufrimientos que el corazón humano puede experimentar, pero yo te aseguro, con la mano puesta sobre el corazón y con toda la sinceridad de que soy capaz, que ninguna de esas desgracias me ha abatido tanto, me ha inoculado una tristeza tan honda como la que me inoculaba el alcohol.

Yo no he dejado de tomarlo, porque me deformara el rostro, me debilitara las piernas, me hinchara el vientre, me ensangrentara las pupilas, me abrasara el hígado, me embotara la inteligencia, me agriara el carácter y me arrojara en pasto a la burla de los extraños, sino porque, después de absorber una dosis de alcohol, por pequeña que fuese, me sentía invadido de una tristeza opresora, tan opresora como difícil de sacudir. La mañana que sigue a la noche de la embriaguez es más horrible que la mañana que brilla tras la noche de amor. Cuando se abren los ojos, se siente un malestar que nada puede vencer. El ruido y la luz se hacen insoportables. Cualquiera frase escuchada, por inofensiva que sea, nos causa una herida mortal. Amanece uno pálido, sudoroso, malhumorado, áspero y deseoso de reñir con los demás. El espíritu de contradicción se desarrolla de una manera alarmante en los alcoholistas. Y ¿qué te diré de las noches en que, por efecto de la excitación nerviosa, no se pueden cerrar los párpados? Hay que estar echado en el lecho, boca arriba, sin poder dar vueltas, como si se tuviera un cañón colgado del cuello, porque el cerebro pesa demasiado, sujeto a un número infinito de alucinaciones. Las del oído son terribles, mucho más terribles que las de la vista. En mis noches de insomnio alcohólico, he percibido siempre un ruido tan sordo, tan lejano, tan extraño y tan grandioso a la vez, que he acabado por creer que era el ruido del eje de rotación del planeta en que habitamos. Y lo peor es que siempre he conocido mi estado. Como hay en mí dos entidades opuestas, una soñadora y otra analítica, unidas estrechamente las dos, he tenido siempre conciencia de mis actos, hasta de los cometidos bajo la influencia del alcohol.

La tristeza alcohólica, como el suplicio de Tántalo, está formada por el deseo de poseer una cosa que tenemos a la vista y sentirnos sin fuerzas para poderla alcanzar. Así por ejemplo, si uno tiene un vaso de agua al lado, no puede extender la mano, porque el brazo se le desprende de los hombros; si uno se sienta en una butaca, se pega materialmente a ella, sin poderse levantar, porque le flaquean las piernas; si uno desea hablar, la palabra se enreda en la garganta, sin aceptar a traducir fielmente las ideas. Muchas veces, en mis crisis agudas, he sentido el deseo de echarme de bruces sobre el suelo, para ver si me deshacía, como una botella de vidrio, en cien mil pedazos.

—¿Comprendes ahora, después de esta ligera explicación, que yo haya desistido de tomar alcohol y, sobre todo, no te explicas el alcance de la frase de Poe: ¿qué enfermedad es comparable al alcohol?

—Sí —exclamó Gustavo, echando una mirada compasiva sobre su interlocutor.

III

Cambiadas estas palabras, anduvieron en silencio algunos momentos.

—¿Qué hora tienes? —preguntó Adolfo a su acompañante.

—Las doce y cuarto.

—Me voy a casa.

—Yo también.

Y, estrechándose cordialmente las manos, los héroes de esta narración se encaminaron por rumbos opuestos, alumbrados por la luz de la Luna, cuyo disco ambarino, inmóvil contra una nube blanca, parecía el rostro de una princesa oriental, dormida sobre un cojín de armiño y con el cuerpo oculto entre los pliegues de ancha sábana de terciopelo azul, recamada de diamantes.

La Habana Elegante, 31 de agosto de 1890.

La última ilusión

—Yo no me suicidaré —me decía mi amigo Arsenio, arrellanándose en un cojín de terciopelo azul, donde un dragón de oro abría sus fauces siniestras para cazar una mariposa de nácar— yo no me suicidaré, te repito, porque me aterran los dolores físicos, por leves que sean, pero yo comprendo que, como muchos hombres, estoy en el mundo de más.

Estas frases melancólicas, dichas en voz baja, con esa voz tan baja de los seres degenerados, voz que parece extraerse de las cavidades más profundas del organismo y filtrarse luego por un velo de muselina para salir al exterior, fueron pronunciadas por mi compañero al final de una larga conversación, en la que yo había tratado de arrancarle, por todos los medios posibles, del retraimiento voluntario en que se marchitaban los días floridos de su juventud. No me causaron extrañeza alguna, porque yo sabía que estaba dominado, desde la adolescencia, por las ideas más tristes, más extrañas y más desconsoladoras.

—Mi alma es una rosa —solía decir en ciertas horas de intimidad, valiéndose de una frase gráfica—, pero una rosa que solo atrae mariposas negras. Así es que al oír la sombría respuesta que daba a mis palabras, más bien que tratar de consolarlo, porque no hubiera hecho más que exacerbar su nerviosa sensibilidad, yo buscaba un tema para extraviar el curso de sus pensamientos, cuando lo vi incorporarse en el asiento, ponerse pálido en el instante, dilatar sus pupilas grises y moviendo su cabeza fina y altanera, tan semejante a la de algunos retratos de los de Clouët, oí que me decía, como si ensayase un monólogo:

—Sí, no te quede duda, yo estoy en el mundo de más. Lo peor es que, como te he dicho, hay muchos que se encuentran en el mismo caso. Solo que algunos no se aperciben de eso, mientras que yo me doy cuenta de ello con la más perfecta lucidez. ¿Has ido al campo, en la época de la siega, alguna ocasión? Si has estado alguna vez, habrás podido observar que las segadoras, después de recogida la cosecha, suelen dejar en el surco algunos granos olvidados. Ni la tierra los fecunda, ni alimentan a los pájaros. Allí se pudren, día por día, bajo el influjo del viento, de la lluvia y del Sol. Eso mismo le sucede a algunos hombres. La muerte, ésa visión macabra de cabellos blancos que, con una hoz de plata en la mano, han pintado los Orcagna, en un bosque de naranjos, segando cabezas de dioses, de reyes, de guerreros, de sacerdotes y de enamorados, sufre también esos olvidos crueles. Yo soy uno de aquellos seres que, en el campo de la vida, ha dejado de recoger.

—¡Oh, cállate! —le interrumpí— tú eres demasiado joven todavía para desesperar...

—Sí, soy muy joven, pero eso no importa: aunque tengo veintisiete años, me parece que llevo siglos dentro del corazón. La edad no es un instrumento que regula invariablemente nuestra temperatura espiritual.

Hay organizaciones que a los ochenta años, conservan un calor primaveral, mientras hay otras que, a los veinte, se sienten heladas por los rigores del invierno más crudo, del invierno que no termina jamás. No es preciso, por otra parte, haber vivido mucho para calcular la suma de dichas que podamos esperar. La historia del mundo nos lo demuestra en sus páginas. Hojeando cualquiera de ellas, se comprende de seguida que, tanto los bienes como los males, han sido siempre los mismos, pudiendo afirmarse que, no ambicionando los unos ni temiendo los otros, es lógico prescindir en absoluto de todos. Interesarme por la vida equivaldría para mí a entrar en un campo de batalla, afiliarme a un ejército desconocido, ceñirme los bélicos arreos y, con las armas en la mano, combatir por extraño ideal, sin ambicionar los lauros de la victoria, ni temer las afrentas de la derrota.

¿Habrá situación más enervante, más desastrosa y más desesperada?

—Pero tú tenías antes, le repliqué, grandes ensueños, grandes aspiraciones.

—Sí, pero todos me han abandonado, porque todos son imposibles de realizar. Yo era como un faro encendido, en el desierto marino, que arrojaba sus dardos de fuego en la negrura de las ondas. Aves errantes, al llegar la noche, iban a refugiarse en sus grietas huyendo de los azotes del viento y de la lumbre de los relámpagos. Pero no habiendo encontrado en su recóndito seno, calor para sus plumas, ni alimento para su pico, desertaron todas, una por una, hasta dejarme en la más aterradora soledad.

—Entonces es que, como te decía el más sabio, a la vez que el más puro de tus amigos, tú no sabes desear.

—Quizás sea eso, yo lo comprendo; mas ¿quién nos enseña esa ciencia oculta? Y si un día la aprendemos ¿al ponerla en práctica no demostraríamos que estábamos ya domados y escarnecidos por la misma vida, puesto que teníamos que someterle de antemano cada idea que iluminase nuestra inteligencia, cada latido que agitara nuestro corazón? Además ¿puedo aspirar a algo, en nuestro medio social, que esté en consonancia con mi carácter, con mi educación o con mis inclinaciones? Implantar aquí mis ensueños ¿no equivaldría a sembrar rosas en una peña o a procrear mariposas en una cisterna? ¿Qué carrera podría elegir para llegar a la cima de la felicidad? ¿La de comerciante? No me daría por recompensado de tal sacrificio si supiera que, al cabo de diez años, tenía en mis arcas un tesoro mayor que el de un Rajah de las Indias. ¿La de un burócrata? Basta entrar un día, en cualquier oficina, para conocer las diversas especies del vampirismo o los futuros huéspedes de las prisiones de Ceuta. ¿La de político? Ella me conduciría, desde el primer paso, a la picota del ridículo, donde sucumbiría maniatado por mi impotencia y asaeteado por los dardos del desprecio popular. ¿La de jurisconsulto? Erigirse en juez de un semejante, estando sujeto a las mismas vicisitudes, ya para dignificarlo, ya para escarnecerlo, pero todo en nombre de leyes humanas, me ha parecido siempre la más nefasta de todas las aberraciones. ¿La de médico? Yo creo que, dado el atraso de esa ciencia, para elegir esa carrera se necesita ser el más inconsciente o el más depravado de los hombres. ¿La de sacerdote? Aparte de que para ella se requiere la vocación ¿hay un monasterio entre nosotros que, por la grandeza de sus tradiciones, por las austeridades de sus reglas, por la belleza de sus ritos o por las virtudes de sus moradores sea capaz de atraer el alma enferma que, como un cisne ennegrecido de lodo vuela al límpido estanque, acuda allí a purificarse de las miserias terrenales?

—Te comprendo perfectamente —exclamé yo—, pero creo que el remedio está en tus manos.

—¿Cuál es?

—El de irte lejos.

—Sí, lejos; pero ¿dónde?

—Pues a París: ¿ya no te gusta esa tierra de promisión?

—Te diré: hay en París dos ciudades, la una execrable y la otra fascinadora para mí. Yo aborrezco el París célebre, rico, sano, burgués y universal; el París que celebra anualmente el 14 de julio; el París que se exhibe en la Gran Ópera, en los martes de la Comedia Francesa o en las avenidas del Bosque de Bolonia; el París que veranea en las playas a la moda e inverna en Niza o en Cannes; el París que acude al Instituto y a la Academia en los días de grandes solemnidades; el París que lee *El Fígaro* o la *Revista de Ambos Mundos*; el París que, por boca de Deroulede, pide un día y otro la revancha contra los alemanes; el París de Gambetta y de Thiers; el París que se extasía con Coquelin y repite las canciones Paulus; el París de la alianza francorusa; el París de las Exposiciones Universales; el París orgulloso de la Torre Eiffel; el París que hoy se interesa por la cuestión de Panamá; el París, en fin, que atrae millares y millares de seres de distintas razas, de distintas jerarquías y de distintas nacionalidades. Pero yo adoro, en cambio, el París raro, exótico, delicado, sensitivo, brillante y artificial; el París que busca sensaciones extrañas en el éter, la morfina y el haschich; el París de las mujeres de labios pintados y de cabelleras teñidas; el París de las heroínas adorablemente perversas de Catulle Mendès y René de Maizeroy; el París que da un baile rosado, en el Palacio de Lady Caithnes, al espíritu de María Stuart; el París teósofo, mago, satánico y ocultista; el París que visita en los hospitales al poeta Paul Verlaine; el París que erige estatuas a Baudelaire y a Barbey de Aurevilly; el París que hizo la noche en el cerebro de Guy de Maupassant; el París que sueña ante los cuadros de Gustavo Moreau y de Puvis de Chavannes, los paisajes de Luisa Abbema, las esculturas de Rodin y la música de Reyery de mademoiselle Augusta Holmes; el París que resucita al rey Luis II de Baviera en la persona del conde Roberto de Montesquieu-Fezensac; el París que comprende a Huysmans e inspira las crónica de Jean Lorrain; el París que se embriaga con la poesía de Leconte de Lisle y de Stéphane Mallarmé; el París que tiene representado el Oriente en Judith Gautier y en Pierre Loti, la Grecia en Jean Moreas y el siglo XVIII en Edmundo de Goncourt; el París que lee a

Rachilde, la más pura de las vírgenes, pero la más depravada de las escritoras; y el París, por último, que no conocen los extranjeros y de cuya existencia no se dan cuenta tal vez.

—Y entonces ¿por qué no te marchas?

—Porque si me fuera, yo estoy seguro de que mi ensueño se desvanecería, como el aroma de una flor cogida en la mano, hasta quedar despojado de todos sus encantos; mientras que viéndolo de lejos, yo creo todavía que hay algo, en el mundo, que endulce el mal de la vida, algo que constituye mi última ilusión, la que se encuentra siempre, como perla fina en cofre empolvado, dentro de los corazones más tristes, aquella ilusión que nunca se pierde, quizás.

La Habana Elegante, 29 de enero de 1893.

El amante de las torturas

¿Está el dueño? Pregunté al dependiente de la librería que, con el rostro vuelto hacia la espalda, desde los últimos peldaños de una escalera, clavaba en mí sus pupilas asombradas.

—Tome asiento —me contestó— que ahora viene.

Mientras lo aguardaba, yo me puse a hojear, con mano distraída las páginas de un volumen de versos, forrado de seda malva, con rótulo violeta, que descansaba encima de otros varios, hasta que un perfume sutil, mitad de iglesia, mitad de alcoba, me hizo levantar la cabeza, obligándome a tender la vista por mi alrededor.

Apenas hice un movimiento, mis ojos encontraron, frente por frente, a un joven de alta estatura, vestido con extremada elegancia, que se paseaba indiferentemente por entre los estantes de libros, como un príncipe hastiado por los bazares de esclavas sin fijar su atención en ninguno de ellos. Parecía ser uno de los familiares de la casa, porque le bastaba echar una simple ojeada a los anaqueles, para cerciorarse de que allí se encontraban siempre las mismas obras. Cuando veía, en el suelo, algún libro desconocido, se inclinaba a cogerlo, pero luego lo arrojaba, con visible repugnancia, sin ocuparse del sitio en que iba a caer. Al mirar el pliegue desdeñoso de sus labios, creeríase que había abierto un fruto lleno de gusanos o que había palpado la piel viscosa de un vientre de reptil. Así anduvo algunos instantes, de un extremo a otro de la librería, dejando a su paso la estela de un perfume singular, de un perfume que parecía combinado con granos de incienso y con flores de resedá, cuando lo vi detenerse ante una pila de volúmenes amarillos, dilatar las fosas nasales, ponerse lívido de emoción, abrir sus pupilas fosforescentes y, estirando su mano, como una garra de marfil, apoderarse de uno de los libros que, horizontalmente superpuestos, se escalonaban a sus pies.

Como el dueño no había regresado, vino a sentarse, con su presa en la mano, cerca de mi asiento, brindándome ocasión para observarlo mejor. A pesar de su juventud, porque representaba a lo sumo unos treinta años, había en su persona tales huellas de cansancio, de agotamiento y hasta de decrepitud, que su figura producía cierto vago malestar. Daba la impresión de un convaleciente que salía del lecho después de una larga y dolorosa enfermedad. Bastaba fijarse en las partes laterales de su cabeza, donde la calvicie abría ya surcos irregulares, en el color vidrioso de sus pupilas, donde las miradas parecían emigrar por algunos instantes, en el afilamiento de la nariz, donde la respiración se deslizaba con dificultad, en la palidez casi diáfana de su rostro, donde la piel se adhería estrechamente a los huesos, en el arco violáceo de los labios, donde la púrpura de la sangre no brillaba jamás, y en los sacudimientos nerviosos de su persona, donde se advertía el paso del dolor físico que lo obligaba a cambiar frecuentemente de postura; para comprender que en su organismo se operaba, desde hacía algún tiempo, la absoluta descomposición, sin que fuesen poderosas para detenerla, ni la fuerza de sus pocos años, ni la estricta observancia de los más sabios preceptos facultativos.

Inclinada la cabeza sobre el pecho, como el cáliz de una flor sobre su tallo, examinaba las páginas lustrosas del volumen que sostenía encima de sus rodillas, extasiándose en unas, doblando rápidamente otras, hasta que, al llegar el librero, se acercó a hablarle y, con el libro bajo el brazo, desapareció sin saludar.

—¿Quién es ese joven? —pregunté al dueño de la tienda que, acariciándose la barba, sonrió con cierta malignidad.

—Es un antiguo marchante mío, que usted debe haber visto aquí algunas veces. Yo no lo conozco bien, ni creo que nadie se pueda preciar de conocerlo, pero lo tengo por uno de los hombres más raros, más sombríos y más originales que se pueden encontrar. Todas las mañanas, si el día no se presenta nublado, porque entonces se queda en su casa, temeroso del aire húmedo, que le produce no sé qué enfermedad, lo encontrará recorriendo las librerías. Es un hombre que anda siempre a caza de libros, pero no los libros que le agradan a todo el mundo, sino de ciertos libros que solo le he visto comprar a él. Cada semana, me trae una lista de obras que pide al extranjero, por conducto de la casa, los cuales me dejan siempre lleno de estupefacción. Todas tienen unos títulos muy raros, como *Campanas en la noche*, de un tal Retté, o la *Imitación de Nuestra Señora la Luna*, de cierto Jules Laforgue que, según me dijo, había sido lector de la Emperatriz Augusta. No siempre viene lo que encarga, porque el corresponsal me escribe que casi todo está agotado, pero entonces, sin que sepa yo de qué medios se vale él, las llega a conseguir.

—Y ¿qué libro ha comprado hoy?

—Una especie de historia de los martirios que se imponen a los misioneros católicos en las comarcas salvajes. En la biblioteca hay muchas obras de esa índole. Todo cuanto se publica sobre esas materias lo manda de seguida a hacer. Yo le aseguro que no hay otro ente, en el mundo entero, que se le parezca. Le gusta todo lo deforme, lo monstruoso, lo sangriento, lo torturado, lo que le hace sufrir. Es un hombre que se martiriza para conjurar el *spleen*. ¿No ha notado usted que muchas veces se introduce la mano por lo alto del pantalón y que, a los pocos momentos, empieza a hacer contorsiones al andar? Pues es porque lleva un cilicio a la cintura y, cada vez que se le afloja, se lo ciñe a la piel. Además, usa siempre un perfume muy extraño, un perfume de templo, a la vez que de lupanar, un perfume que se respira en su casa por todas partes.

—¿Ha estado usted en ella alguna vez?

—Sí, una vez estuve, pero no pienso volver más.

—¿Le pasó a usted algo malo?

—No me pasó nada, pero me quedé más de una semana sin dormir. Imagínese que ese hombre vive, en un barrio lejano, casi fuera de la población, por el que no se encuentran más que tipos enfermos, siniestros y espectrales. Vista por fuera, su casa no tiene nada de extraño, como no sea su estado ruinoso, capaz de amedrentar al que se pasee por debajo de sus balcones. Pero desde que traspasa el umbral, donde se encuentra un viejo paralítico, con unos espejuelos verdes y una barba blanca, que le cubre todo el pecho, se experimenta cierta opresión, cierto temor a algo inexplicable, cierto malestar análogo al que nos produciría la entrada en un panteón. Uno siente el deseo de alejarse, de echar a correr, como al abrir los ojos después de una noche de pesadilla, pero al mismo tiempo se encuentra uno dominado por una fuerza misteriosa que le paraliza la acción. Hay mañanas que, al verlo llegar, me ataca el deseo de interrogarle acerca de su modo de vivir, pero es tan frío, tan silencioso, tan despreciativo que nunca me atrevo a satisfacer mi curiosidad.

—Pero, por fin, ¿qué vio usted en aquella casa?

—Después que el portero, por medio de un niño, rubio como un ángel y hermoso como un efebo, anunció mi visita, se me ordenó subir al piso superior. Yo fui introducido, en un gabinete, severamente amueblado, pero donde nada me hería por su extrañeza. Empezaba a atribuir mi sensación de malestar a aquel perfume de que le he hablado a usted al principio. Lo único que me inquietaba era que el hombre tardaba en salir. Libre ya por completo de preocupaciones, comencé a escuchar, en el silencio de la pieza, una especie de chasquido acompañado de sollozos, como si se azotase a alguno en la casa, pero alguno que se encontraba imposibilitado para exhalar su dolor. Al mismo tiempo, el perfume se hacía más intenso, como también me parecía que una bocanada de humo se escapaba por la cerradura de la puerta inmediata. Ya me disponía a bajar, cuando vi deslizarse por una galería contigua, a una hermana de la Caridad, ajustándose la toca, que llevaba en la mano derecha un nimbo de oro, y, bajo el mismo brazo, un manto de Dolorosa, todo de terciopelo negro, cuajado de estrellas. Detrás de ésta apareció otra hermana, pálida y sofocada, que doblaba una túnica de merino azul, de ésas que envuelven los cuerpos de las Magdalenas en las antiguas pinturas italianas. Y, por último, después de las dos, surgió a mi vista la parte superior de una cruz de madera negra, de tamaño colosal, que un mestizo lívido con traje de sayón, cargaba sobre sus hombros agobiados.

—¿Estarían representando alguna escena de la Pasión?

—No lo sé; pero ya tenía el sombrero en la mano, cuando vi que aquel hombre, pálido hasta la transparencia y delgado hasta lo cadavérico, me hacía señas, a través de una nube de humo, desde la pieza inmediata, de que podía pasar.

Yo había ido a llevarle unos libros que me había encargado y que llegaron en uno de esos períodos en que se solía eclipsar. Mientras se entretenía en examinarlos, me puse a observar con bastante detenimiento, todo lo que se encontraba a mi alrededor. Estábamos en una pieza vasta, casi cuadrada, cubierta por una alfombra roja, de un rojo quemado, floreada de mandrágoras, de enforbios, de eléboros y de todo género de plantas letales. Una red inmensa, tramada de hilos de seda, cubría las vigas del techo, mostrando en el centro, a manera de roseta, un quitasol japonés, de fondo plateado, donde se abrían flores monstruosas, quiméricas, extravagantes y amenazadoras. En cada uno de los ángulos del techo, se destacaba la silueta de un animal, bordada en relieve sobre los hilos de la red, pero trabajada con arte, que yo sentía acrecentarse mi malestar. En el uno, se veía un murciélago, abierta las alas de terciopelo gris, próxima ya a agitarse sobre nuestras cabezas; en el otro, un cocodrilo estiraba su cuerpo de un verde metálico, como dispuesto a abalanzarse sobre la presa olfateada; en éste, una serpiente desenroscaba sus anillos, erectando su lengua húmeda de baba; en aquél un dragón de fauces abiertas, deshacía con su garra el cuerpo de un faisán. Entre los intersticios, se destacaban otros animales pequeños, como lagartos, erizos y escorpiones, que parecían disecados, más bien que construidos por medios artificiales. La mesa en que escribía, toda de ébano, con incrustaciones de marfil, estaba cubierta de objetos adecuados, pero todos representaban, desde el tintero hasta la espátula, instrumentos de tortura. Junto a un lapicero, se veía un brazalete de oro, cubierto de esmalte negro, ensangrentado de rubíes, que parecía haberse desceñido de un brazo en aquellos momentos. Arañas velludas trepaban por las cortinas de encajes que ondeaban detrás de los balcones, por cuya vidriera de color de topacio se filtraba una luz de cirio, una luz fúnebre que melancolizaba la atmósfera de la habitación.

Los cuadros que colgaban de las paredes entapizadas de un papel verde oscuro, rameado de hojas de otoño, también representaban escenas de tortura, escenas de sangre, escenas de crueldad, escenas de desolación.

Terminada su narración, el viejo librero, enjugándose la frente, emperlada de sudor, se fue a colocar detrás de la carpeta, atestada de libros, periódicos y cartas.

Y, sin decir una palabra, estreché su mano, cogí el sombrero y me refugié en mi soledad, donde he pensado mucho y donde pienso todavía en aquel extraño joven que, para conjurar su *spleen*, ha hecho del sufrimiento una voluptuosidad.

La Habana Elegante, 26 de febrero de 1893.

Esbozo de mujer

Apenas entreabre los párpados, rodeado de violáceas aureolas, bajo el pabellón de seda roja, flordelisado de oro, que cuelga de la cabecera de su lecho imperial, donde su cuerpo oculta entre ondas de encajes, su ligereza nerviosa, su corrección estatuaria y su frescura de rosa; espárcese los cabellos por las espaldas, álzase las hombreras de su camisa y salta rápidamente sobre la alfombra, aplicando el dedo al botón amarfilado del próximo timbre eléctrico que produce un sonido agudo, lejano, estremecedor.

Al oír el retintín, acude la doncella.

Y mientras la envuelve en su bata de felpa malva, para conducirla al baño; mientras la sumerge en la bañera de jaspe, donde recobra las fuerzas perdidas en sus noches de placer; mientras le unge la piel con perfumes capitosos; y mientras le retiene ante la Luna veneciana de su tocador, para peinarle la cabellera, ceñirle un nuevo traje y colocarle diversas joyas, hasta convertirla en una de esas deidades que, al encontrarlas en la calle, nos hacen volver el rostro, lanzar un grito de asombro, temblar de arriba abajo y abandonarlo todo por seguir tras sus pasos; ella combina interiormente el programa del día, pensando en las tarjetas que ha de enviar, en las visitas que ha de devolver, en las fiestas que ha de asistir y, sobre todo, en los objetos que ha de comprar.

Esperando el almuerzo, hojea los diarios, dicta órdenes, se arroja en su butaca, levántase de seguida, corre a mirarse al espejo y se sienta a la mesa al fin. Nada lo encuentra a su gusto. Todo le parece insípido, frío o mal sazonado. Hasta el ramo de flores que acaban de subir del jardín para colocarlo en el búcaro que se levanta al centro de la mesa, se le antoja que está marchito, deshojado, sin olor. Es la gran descontentadiza. Solo parece que se anima al tomar el café. Sorbida la última gota, su cuerpo se yergue, sus mejillas se encienden, sus pupilas chispean y una sonrisa entreabre sus labios de carmín, dejando ver una sarta de dientes pequeños, nacarados y puntiagudos.

Colocada la capota, echado el velillo sobre la faz y con el quitasol de seda entre las manos, emprende entonces sus peregrinaciones a través de los primeros establecimientos de la capital. Nunca va en coche, sino a pie. El movimiento del carruaje excita su sistema nervioso. Y en cada tienda, halla algo nuevo que comprar. Ya es un brazalete de oro, cuajado de pedrería digna del brazo de una Leonor de Este; ya un abanico ínfimo, con paisaje grotesco, todo hecho con tintas de relumbrón; ya una estatua de mármol, obra maestra de un artista desconocido, pero que firmaría un Falguiere; ya un cromo americano, propio para decorar la sala de una sirviente. En su ignorancia artística, lo mismo que en su mal gusto, revela por completo su femineidad. Jamás discute los precios, ni se detiene a investigar el mérito de las cosas. Desde que penetra en un establecimiento, siente algo semejante a un vértigo que la arrastra de un extremo a otro, le oscurece la razón y le infunde el deseo de llevarse todo lo que mira, palpa o percibe a su alrededor.

Y, al regresar a su casa, entretiénese en abrir los paquetes, extraer los objetos y colocarlos en sus respectivos sitios, sustituyendo los de ayer por los de hoy, adorando unos, odiando otros, hasta que la pieza decorada toma nuevo aspecto siquiera sea por algunas horas, puesto que al día siguiente ha de recomenzar la misma peregrinación y la misma faena, sin que se interponga jamás ante su razón el espectro de la miseria que se puede aproximar, el de la vejez que vendrá detrás y el de la muerte en un lecho de caridad, sin mano amiga que cierre sus párpados, ni ojos amantes que la despidan con lágrimas de dolor.

Aunque su médico reconozca, en esta fiebre del derroche, uno de los síntomas de la neurosis moderna, su vida privada no ofrece ningún rasgo alarmante, salvo el de su perenne hastío que, como un velo de color gris, se despliega al poco tiempo sobre esos mismos objetos que se complace en buscar, en poseer y hasta en destruir.

Pero ¿quién está libre de esta última dolencia? ¿Será tal vez la causa de su prodigalidad el deseo que experimenta de distraer el pesar de alguna pasión contrariada, de esas que nadie sospecha, de esas que a nadie se revelan, pero que se llevan siempre como gotas de plomo, en lo más profundo del corazón? Tal vez. Pero cuando se habla delante de ella de los goces supremos del amor, hay tal ironía en la sonrisa aprobatoria de sus labios y tanta lástima en la mirada de sus ojos, que cualquiera creería que exclama en su interior: ¡Desdichados! ¿Todavía creéis en eso?

La Habana Elegante, 12 de marzo de 1893.

Ocios semanales

Dos encuentros

I

El Sol brillaba, como globo de fuego, en el firmamento. La yerba espesa, salpicada de gotas de rocío —semejante a inmensa alfombra de terciopelo verde, donde las hadas nocturnas parecían haber dejado los diamantes que adornaban sus cabelleras—, recibía las cenizas doradas del disco solar; las aguas del río, corriendo entre nenúfares, que flotaban entre las aguas, formando archipiélagos perfumados, mostraban otro cielo en sus profundidades; los mangos maduros brillaban como corazones de oro, entre el ramaje; y los pájaros, desde el borde de los nidos, mezclaban su voz a la de la selva que agitaba sus matorrales de flores silvestres y a la del viento que vagaba locamente por los campos olorosos.

Tendido al pie de un granado cuyos abiertos frutos, parecidos a verdes cofres repletos de rubíes, colgaban de las ramas abatidas; un adolescente, hermoso como Adonis y robusto como Hércules, vio llegar hasta él, envuelta en un manto de gasa, estrellado de piedras preciosas, a la mujer más seductora de la tierra, la cual empezó a hablarle de este modo:

—Tiempo es ya de que pienses en tu porvenir. Dos sendas hallarás para llegar al fin de tu destino: la primera está cubierta de flores y la segunda de abrojos. Si me amas, te llevaré por la primera y serás feliz. Tendrás castillos de jaspe, suntuosamente decorados, para pasar tu existencia; mantos de púrpura, flordelisados de oro, para cubrir tus espaldas; coronas de ricos metales, esmaltadas de piedras preciosas, para ornar tu frente; navecillas de nácar, con velas de seda, para surcar los lagos; vírgenes circasianas, impregnadas de perfume, para ahuyentar el hastío que devora tu corazón. ¿Quieres seguirme? Piensa en que todo lo puedo porque me llamo La Felicidad.

Pero el adolescente, hermoso como Adonis y robusto como Hércules, volvió la espalda por toda respuesta a La Felicidad.

II

Pasados algunos momentos, el bello adolescente, contemplando el descenso de las aguas de hervorosa catarata, irisada por los rayos del Sol, encontró un peregrino cubierto de harapos y rendido de fatiga, que le habló de esta manera:

—Desde que naciste, he seguido tus pasos. Aunque me creen pobre, poseo muchos tesoros desconocidos. Tengo un templo indescriptible, alejado de la tierra, donde solo penetran mis elegidos. Si tienes fuerza llegarás hasta él. Pero antes de emprender la marcha recuerda a los que han perecido en la mitad del camino.

»Es preciso atravesar, para ir al templo, ancho sendero de abrojos. Nada hay tan espantoso. Un cielo plomizo, despoblado de astros, aparece en la altura; el suelo, alfombrado de lodo, se hunde bajo los pies; los árboles desnudos de hojas, ostentan punzantes espinas; el agua de los arroyos, manchada de sangre, permanece estancada; las flores, salpicadas de oscuros matices, exhalan perfumes venenosos; las víboras, ocultas entre las zarzas, se enroscan en el cuerpo del caminante; las fieras, hambrientas de carne humana, muestran sus dientes afilados entre el ramaje; el mar, furioso en torno, ahoga todos los gemidos.

»Cuando tu cuerpo, acribillado de heridas, caiga sangrando sobre las piedras del camino; cuando tus labios, cerrados para siempre, exhalen el último suspiro; ceñiré a tu frente el lauro de los inmortales y te abriré las puertas de mi templo. ¿Quieres seguirme? Piensa en que me aborrecen las muchedumbres, porque soy El Arte.

Y el adolescente, hermoso como Adonis y robusto como Hércules, comenzó a internarse, sin vacilar un instante, por la senda del Arte.

Hernani
La Discusión, viernes 21 de marzo de 1890, año II, n.º 232.

Para las mujeres

Introducción

Ahora que sopla el viento del Sur; que el polvo obliga a cerrar las ventanas; que las palomas están cansadas de arrullarse; que los poetas no quieren hacer versos; que las flores languidecen en las macetas; que las fuentes se callan en los jardines; que los teatros van a cerrar sus puertas y los templos católicos a abrir las suyas; quiero ofrecer a mis lectoras, como les ofrecería un ramo de crisantemos, si fuera Lachaume, un collar de diamantes, si fuera Hierro o una diadema de estrellas si fuera Dios, una serie de cuentos pequeñitos —género literario inmortalizado por Tomás de Quincey en Inglaterra, por Baudelaire y Mendès en Francia, por la condesa Lara en Italia, por Iván Tourgueniev en Rusia y por Fernández Bremon en España—, para que no sientan el hastío de las noches sin baile, el cansancio de los largos exámenes de conciencia o la tardanza en abrirse de las rosas primaverales.

Yo no ambiciono, en mi carrera literaria, más que las miradas de vuestros ojos o los besos de vuestros labios, cualquiera de esas cosas vale más que las aclamaciones de las turbas ebrias o los elogios de los críticos más imparciales. Vosotras no extrañaréis, como mis amigos modernistas, que yo prefiera la luz de la Luna a la de los focos eléctricos, la Torre de Pisa, como Maupassant, a la Torre Eiffel; las baladas melancólicas de Heine a los decretos sanguinarios de Bismarck, el imperio liberal de don Pedro a la república desconocida de Da Fonseca, ni de que conserve cual hostia blanca en cáliz cincelado, por venerar la memoria de mi madre, la fe católica en una época de escepticismo, o el culto de la aristocracia, por odio a lo vulgar en un siglo ferozmente democrático.

Dentro de esos cuentos, pequeñitos como vuestros pies, y variados como vuestros caprichos, trataré de engarzar, a la manera de un diamante en una sortija, alguna escena tomada del natural o de los espacios de mi fantasía, donde he levantado un castillo de jaspe, metales y piedras preciosas, para olvidar, en compañía de vuestras imágenes adoradas, las fealdades de la vida y los horrores de la soledad.

Si os gustan los cuentos, tendré el honor de imprimirlos, con caracteres dorados sobre el papel de China azul pálido, en un volumen pequeñito también, como vuestros libros de oraciones, para que guardéis entre sus hojas los billetes perfumados de vuestros adoradores.

Y voy a empezar la tarea, con la conciencia tranquila y el corazón satisfecho, porque no hay mejor ocupación, fuera de las de hacer versos, pintar cuadros o cincelar estatuas, que conversar con vosotras.

I. Japonería

A M. C.[1]

Dentro del escaparate de una tienda lleno de brazaletes de oro, esmaltados de zafiros y rubíes, que fulguraban en sus estuches de terciopelo azul; de rosarios de coral engarzados en plata, que se enroscaban en sus conchas nacaradas; y de lámparas de alabastro con pantallas de seda rosada, que aguardaban la noche para abrir sus pupilas amarillas; he visto esta mañana, al salir de paseo, un búcaro japonés, digno de figurar en tu alcoba blanca ¡oh, espiritual María! donde

---

1 María Cay, musa y amiga de Casal, citada en la crónica «Gran bail de trajes».

no se han oído nunca las pisadas de tus admiradores o el eco sonoro de los besos sensuales.

Sobre el esmalte verde Nilo, fileteado de oro, que cubría el barro del búcaro japonés, se destacaba una Quimera de ojazos garzos, iluminados por el deseo de lo prohibido; de cabellera rubia destrenzada, por las espaldas; de alas de pedrería, ansiosas de remontarse; y de dedos de uñas largas, enrojecidas de carmín, deseando alcanzar, con el impulso de la desesperación una florecilla azul de corazón de oro, abierta en la cumbre de un monte nevado sin poderlo conseguir.

Y al mirar el búcaro japonés, he sentido el deseo de ofrecértelo, para que lo coloques en tu alcoba blanca ¡oh, lánguida María! donde no se han oído nunca las pisadas de tus adoradores o el eco sonoro de los besos sensuales; porque tu destino, como el de esa Quimera, te ha condenado a perseguir un ideal, tan alto y tan bello, que no lo podrás alcanzar jamás.

Hernani
La Discusión, miércoles 2 de abril de 1890, año II, n.º 241.

II. La estudiantina

A P. L.

Apoyada de codos, en la marmórea baranda de tu balcón cuyos balaustres tapizan, a manera de verde cortinaje, las hojas de tupida enredadera recamada de flores amarillas; veías pasar, por la calle empolvada, la banda de alegres estudiantes que, con la pandereta en la mano, la canción en los labios y el amor en el corazón, recorre el mundo entero, ansioso de alcanzar el oro de los hombres, los laureles de la gloria y los besos de las mujeres.

Terciada la capa sobre los hombros, ladeado el sombrero hacia la izquierda y apoyado el instrumento en los labios, marchaban jadeantes, bajo los rayos del Sol y entre las nubes del polvo, cansados de recorrer las calles. Pero al ver tu figura, rosada y pequeña, delante del marco de las persianas, como la de una virgen fuera del nicho de alabastro, recobraron las fuerzas, detuviéronse un instante y elevaron hasta tus oídos las notas doradas de una serenata que resonó en tu corazón.

Y desde ese momento, tan corto como inolvidable, vives hastiada de los esplendores de tu palacio, de las caricias de tus padres, de las lecciones de tus maestros y de los consejos de tu aya, porque como albergas, en un cuerpo de princesa, un alma de bohemia, sientes el deseo de abandonar, en compañía de una banda de estudiantes, la casa paterna, para ir por el mundo entero en busca de nuevos horizontes, de aventuras soñadas y hasta de penas desconocidas que ojalá ¡oh, Miarka tropical! no llegaras a conocer jamás.

III. En el tranvía

A J. J. L.

Silenciosos, helados de frío, envueltos en oscuros gabanes, con el cuello de terciopelo negro levantado hasta las orejas; íbamos bajando, en el tranvía, por la pendiente calzada, rodeada de árboles secos y coches detenidos.

Un señor grueso, vestido de negro y calada las gafas, leía un periódico; otro fumaba, con aire tranquilo, un habano que embalsamaba el ambiente. El resto de los pasajeros aguardaba ansiosamente el instante de apearse para desentumecerse los miembros y entrar en calor.

Detrás de los vidrios, ligeramente empañados por la niebla, se veían pasar por las húmedas aceras numerosos transeúntes, que penetraban en los cafés, se detenían ante las vidrieras de las tiendas o marchaban rápidamente detrás de una mujer.

Un viento helado, venido de lejos, soplaba en el exterior, haciendo caer las últimas hojas de los laureles y esparciéndolas por todas partes.

Al cabo de algunos minutos el tranvía se detuvo, abriéndose la portezuela para que entrara una mujer. Era alta y delgada. Un traje de color gris, ornado de blondas, envolvía su cuerpo airoso y elegante. Tenía el rostro pálido, de una palidez rosácea semejante a la de las rosas de cera. Bajo el velillo de encaje negro con lentejuelas de oro, echado sobre su cara, hasta debajo de la nariz, brillaban sus pupilas negras, girando en todas direcciones.

Al fin encontró un asiento, en el extremo del tranvía, al lado del que ocupaba un joven pobre, de aspecto enfermizo, que tiritaba bajo los pliegues de un traje mugriento y desgarrado.

A medida que avanzábamos, ella se encogía, en el cuadrado de su asiento, temiendo que el contacto de su compañero la fuera a manchar. Pero él se ensanchaba, con aire provocativo y con mirada amenazadora, porque reconocía en aquella mujer —según me dijo después sin que lo oyeras tú que ibas a mi lado— una de tantas mujeres impuras, una de tantas mujeres envilecidas con quienes había malgastado, en tiempo lejano, su honra, su patrimonio y su juventud.

Hernani
La Discusión, miércoles 9 de abril de 1890, año II, n.° 245.

El mejor perfume

Ayer, en la alcoba azul, rameada de flores, la hermosa Blanca, reclinada perezosamente entre cojines de seda negra, bordados de ramos de oro, le preguntaba a su amante, con acento acariciador y los ojos medio cerrados:

—¿No te agrada el perfume de esas gardenias que agonizan en el vaso japonés?

—No —respondió él, alzando desdeñosamente los hombros.

—¿Te gusta más el de mi abanico de sándalo, tras cuyo varillaje te he dicho, en las fiestas mundanas, tantas frases apasionadas?

—Tampoco —replicó él, cada vez más desdeñoso.

—¿Es que prefieres el de las pastillas turcas que arden en el pebetero de bronce, esmaltado de piedras de piedras preciosas?

—Mucho menos.

—¿Por qué?

—Porque el mejor perfume es el que brota de la rosa encarnada de tu boca, cuando me acerco a pedirte, con los ojos encendidos y los labios ardorosos, un beso ardiente de amor,

«de esos que nunca se acaban
de esos que nunca se olvidan.»

Frío

Anochece. El disco rojo del Sol, como redonda mancha de sangre, caída en manto de terciopelo azul, rueda por la bóveda celeste hasta borrarse en el mar. La atmósfera se impregna de perfumes invernales. La niebla envuelve, en su sudario de gasa agujereado a trechos, las cumbres empinadas de las montañas lejanas. El viento agita las copas de los laureles, alfombrando las alamedas de hojas amarillas y plumas cenicientas. Los gorriones tiritan en sus nidos. Se oye a lo lejos el mugido imponente del mar, cuyas ondas verdinegras, franjeadas de blancas espumas, se hinchan monstruosamente, se levantan majestuosa y se estrellan en las rocas puntiagudas.

Desde la puesta del Sol, el silencio se difunde por las calles. No se oye más que el rodar de los coches, el silbido de los ómnibus y la vibración de alguna campana. Los transeúntes, calado el sombrero hasta las orejas, metidas las manos en los bolsillos, alzado el cuello de terciopelo del gabán, son cada vez más raros. Ninguno se detiene un instante. Todos marchan deprisa, como si temieran llegar tarde a una cita dada por una mujer hermosa, apasionada y febril, que, irritada por la tardanza, se entretendrá en deshojar las flores prendidas en el corpiño, en rasgarse las uñas sonrosadas o en quebrar las varillas del abanico.

Amoratando los rostros, entumeciendo los miembros y rajando los labios, el frío se propaga, sin temor al gas, sin compasión para el pobre y sin respeto al hogar. Quiere penetrar a la fuerza en todas partes. Pero se le da con la puerta en las narices. Entonces se queda solo en las calles, haciéndonos desertar de ellas porque nos obliga a refugiarnos en algún café en algún teatro.

El velo de gasa

Frente a un lecho de sándalo, cuyas cortinas blancas, ornadas de cintas azules ondeaban al soplo de la brisa, como banderas vencedoras; un poeta, que llevaba siempre los ensueños más hermosos en la mente y las canciones más dulces en los labios, tenía prendido, con alfileres de oro, coronados de perlas, largo velo de gasa pálida guarnecido de encajes.

Un día, al entrar en su habitación, le pregunté:

—¿De quién es ese velo?

—Es de la mujer, de la única mujer que he amado en el mundo.

Tras corto silencio, clavando en mí sus ojos, donde temblaban gruesas lágrimas, como gotas de rocío en botones entreabiertos, exclamó:

—Hace tiempo que la conocí al salir de la iglesia, cuya torre se divisa a lo lejos —añadió dirigiéndose al balcón—, detrás del ramaje de aquellos laureles.

»Como yo estaba en la miseria, sus padres se negaron a casarla conmigo. Pero ella, vacía la mente de preocupaciones vulgares, rebosante el corazón de ternuras amorosas, se alejó, en noche tormentosa, al fulgor de los relámpagos y al ruido de los truenos, del hogar paterno.

»Largo tiempo anduvimos errantes por los campos, entre las aguas que corren, las abejas que zumban y las flores que embalsaman el ambiente. Aunque éramos pobres, siempre estábamos contentos. Teníamos perennemente el amor en nuestras almas y el beso en nuestros labios. «Pero las dichas del hombre, como las flores, solo duran el espacio de una alborada.

«Una mañana al abrir los ojos, la encontré muerta. Su cabeza, coronada de rosas amarillas, descansaba sobre ancha piedra del camino; sus brazos, abiertos en cruz, parecían guardar la ansiada caricia; sus ojos, entornados tristemente, semejaban flores marchitas; sus pies, al sentir el frío de la muerte, se habían ocultado entre las hojas secas.

»Yo, desde aquel instante, tengo siempre ante mis ojos, ante mis ojos que la lloran, el velo que cubría su rostro, su pálido rostro de madonna, el día en que la vi al salir del templo, por primera vez.

Y alejándose del balcón, cuyos blancos hierros estaban tapizados de verde enredadera, estrellada de flores moradas, me dijo el poeta, con triste voz, con voz más triste que la del viento al pasar por entre las ramas de los pinos solitarios, estas palabras:

—Cuando yo muera, amigo mío, haced que me sirva de mortaja el largo velo de gasa pálida, guarnecido de encajes, que perteneció a la mujer, a la única mujer que he amado en este mundo.

Un sacerdote ruso

Ainsi qu'un papillon volage
Ce qui passe aujourd'hu sera passé.
Laisse-toi cueillir au passage
Papillon d'Actualité

Las doce del día.
Desde la altura de la blanca terraza, próxima al mar, bajo el toldo que forma el ramaje de verde enredadera, estrellado de flores violáceas, hay un grupo de gentes que contemplan, hundido el sombrero hasta las cejas y los anteojos nacarados entre los dedos, la salida de la fragata rusa que abandona nuestras costas.

Ni un soplo de aire refresca la atmósfera. El mar, como lámina de acero, maravillosamente bruñida, irradia un brillo metálico que deslumbra la vista. Las ondas arrastran, en su curso tranquilo, paquetes de algas que arrojan sobre la arena dorada de la playa, semejando ramilletes marchitos del último baile de nereidas. De vez en cuando los rabihorcados que revolotean en el aire se introducen, como flechas negras, en el piélago azul. Sobre las rocas puntiagudas, jaspeadas de placas verdinegras, los pilluelos se entretienen en recoger caracoles que se irisan a los rayos del Sol.

Mientras la fragata avanza serena y majestuosa, sobre el dorso de las olas con las velas abiertas y las banderas izadas, hasta perderse en el confín del horizonte lejano, velado por brumas opalinas; se destaca a lo lejos, en lo más alto de la popa, la figura del capellán que parece rogar, desde el púlpito de un templo marino, por el alma de los náufragos. Tiene la mansedumbre evangélica de las grandes almas. Al contemplarlo en aquel lugar, con su solideo de raso negro, ornado de una moña amarilla, bajo el cual se escapan sus cabellos grises y con su sotana tornasolada, donde resplandece, bajo la cascada de su luenga barba, la cruz blanca de los antiguos eremitas de Jerusalén; evoca el recuerdo de los sacerdotes de Dostoievski, acompañando los deportados a Siberia.

Y al ver la fijeza atónita de sus miradas, diríase que trata de concentrar en sus pupilas verdes, inmóviles en sus órbitas aporcelanadas, los brillantes fulgores del mediodía tropical, para iluminar con ellos, en futuros días, la blancura helada de las vastas estepas solitarias.

La felicidad y el arte

Que no importa vivir como el mendigo
Por morir como Píndaro y Homero.
Zorrilla

El Sol brillaba en el azul del firmamento. La yerba espesa, salpicaba de gotas de rocío —semejante a inmensa alfombra de terciopelo verde, donde las hadas nocturnas parecían haber dejado los innumerables diamantes que adornaban sus cabelleras— recibía la ceniza dorada del disco solar; las aguas del río, corriendo entre nenúfares que flotaban enlazados, formando archipiélagos, mostraban otro cielo en sus profundidades transparentes; los mangos maduros, como corazones de oro, brillaban entre el ramaje que se inclinaba a la tierra, agobiado por el peso de los frutos; los pájaros, desde el borde de los nidos, abrían sus alas largo tiempo cerradas, mezclando su voz a la de la selva que agitaba sus matorrales de flores silvestres y a la del viento que vagaba locamente por los campos olorosos.

Tendido al pie de un granado, cuyos abiertos frutos, parecidos a verdes cofres llenos de rubíes, colgaban de las ramas; vi llegar a la mujer más hermosa de la tierra, que comenzó a hablarme de este modo:

—¡Oh, joven!, tiempo es ya de que pienses en el porvenir. Dos sendas hallarás para llegar al fin de tu vida; la primera está de flores y la segunda de abrojos. Si me amas, te llevaré por la primera y serás feliz. Tendrás castillos de mármol, a orillas de los lagos, para pasar los días de tu existencia; mantos de púrpura, tachonados de estrellas de oro, para cubrir tus espaldas; coronas de ricos metales, esmaltadas de piedras preciosas, para ornar tu frente; navecillas de nácar, con velas de seda, para cruzar los mares; vírgenes circasianas, impregnadas de perfumes, para colmarte de placeres; histriones numerosos sacados de las mejores cortes, para ahuyentar el hastío de tu alma. ¿Quieres seguirme? Piensa en que todo lo puedo, porque me llamo la Felicidad. Yo, sin vacilar un instante, volví la espalda a la Felicidad.

Pasado algún tiempo, veía caer el agua de espumoso torrente, irisada por los rayos del Sol, y encontré un peregrino que comenzó a hablarme de esta manera:

—¡Oh, joven!, desde que naciste he seguido tus pasos. Aunque me creen pobre, poseo inmensos tesoros. Tengo un templo indestructible, alejado de la tierra, donde solo penetran mis elegidos. Si tienes fuerzas, llegarás a él. Pero antes de emprender la marcha, recuerda los que han perecido en la jornada.

»Piensa en que, para llegar al templo, hay que cruzar por larga senda de abrojos. ¿Has oído hablar de ella?

Nada es tan espantoso. Un cielo plomizo, despoblado de astros, aparece en la altura; el suelo, alfombrado de polvo y lodo, se hunde bajo los pies; los árboles, desnudos de hojas, ostentan punzantes espinas; el agua de los arroyos, manchada de sangre, permanece estancada; las flores, salpicadas de oscuros matices, exhalan perfumes venenosos; las víboras, ocultas entre las zarzas, se enroscan al caminante; las fieras, hambrientas de carne humana, muestran sus blancos dientes puntiagudos en la oscuridad; los insectos, esparcidos en el aire, inoculan la muerte al pasajero; el mar, que brama a lo lejos, ahoga los gemidos del alma humana. Si tienes hambre, tendrás que devorar tu propio cuerpo; si tienes sed, tendrás que beber tus lágrimas. El mundo, tirano inmortal, te cubrirá de baldón; la soledad, sudario de los vivos, te rodeará por todas partes; la miseria, única compañera de tu vida, te seguirá hasta el último instante. Cuando tu cuerpo, lleno de heridas, caiga sangrando sobre las piedras del camino; cuando tus labios, descoloridos por la fiebre, exhalen el último suspiro de tu pecho; cuando tus ojos, vueltos hacia lo infinito, se cierren para siempre; ceñiré a tu frente el lauro de la inmortalidad, grabaré tu nombre en las páginas de la historia y te abriré las puertas de mi templo. ¿Quieres seguirme? Soy el Arte.

Yo, sin vacilar un instante, comencé a andar por la senda de abrojos que guía al templo del Arte.

Agua fuerte

Medianoche. Desde la cúpula negra del firmamento, de brillante negrura de terciopelo, donde no blanquea el encaje de una nube, ni chispea el diamante de una estrella, desciende hasta la tierra, por los poros de la atmósfera, la sombra densa, calurosa y húmeda de las noches lluviosas de los países tropicales, sombra que lleva las visiones de la pesadilla a la cabecera de los lechos, que inspira el temor de los enterramientos prematuros, que interpone el hastío entre los cuerpos enlazados por el amor, que irrita el sistema nervioso de los seres melancólicos, que ahuyenta las ideas rosadas del cerebro de las vírgenes y que va dejando, por todas partes, cansancio, miedo, tristeza e inquietud.

Al fulgor plateado de ardiente lámpara eléctrica, colgada de grueso hilo de acero, cuya luz produce, en ciertos momentos, sordo rumor semejante al zumbido de un enjambre de moscas aprisionadas en fina urna de cristal; se ven surgir sobre el pavimento inmundo, fangoso y encharcado del lugar, en el sitio de reciente incendio, los escombros amontonados del edificio destruido por las llamas. Unos quedan a la sombra y otros a la luz. Diríase que ocultan los gérmenes de futura epidemia, porque de ellos se desprenden emanaciones de tierra húmeda, de madera carbonizada, de hierro oxidado, de gases inflamados, de sangre coagulada y de cadáveres en descomposición.

En medio de la calma de la noche, numerosos grupos de soldados, con las espaldas inclinadas hacia el suelo y con los pies hundidos entre el fango, bajo la inspección de sus vigilantes, se ocupan en remover los escombros, bajo los cuales yacen sepultados los restos de seres desconocidos. Solo se escuchan, en el silencio nocturno, el rodar de un coche lejano, el ladrido de un perro encadenado, el golpe de la azada contra una piedra, el desmoronamiento de los montículos y el graznido de las aves nocturnas que revolotean en el aire. Además del fulgor del foco eléctrico, esparcen tonos diversos, en la negrura del cuadro, el azul de los uniformes, el dorado de los galones, el rojo de los escarapelas, el plateado de las espadas y el blanquecino de los huesos.

Lejos del grupo de escombreadores, hay seres enlutados que aguardan, con el semblante lívido y los ojos fuera de las órbitas, la extracción de nuevos cadáveres. De cuando en cuando avanzan algunos pasos. Entonces el temor les aumenta, porque surgen de los escombros, por diversos puntos, rostros triturados por enormes piedras, brazos desprendidos de sus hombros, en actitud defensiva, pechos amoratados, roídos ya por gusanos, cráneos agrietados de los que cuelgan racimos de sesos, todos los fragmentos, en fin, de la obra de la Fatalidad.

....

La lluvia empieza a caer. A través de los resplandores del foco eléctrico, parece que las gotas forman ancha cortina de hilos de cristal, invisible en la sombra e irisada en la luz. Los soldados suspenden las faenas, por orden superior, marchando a guarecerse bajo los balcones de las casas inmediatas. Y al verlos descender de los escombros, sucias las ropas, jadeantes de fatiga, las frentes bajas y las narices dilatadas, se nota que están dominados por el espanto de los hallazgos y por el respeto a los cadáveres, pero que sienten al mismo tiempo el asco que provoca la más abominable de todas las podredumbres: la podredumbre humana.

La Habana Elegante, noviembre de 1999.

Libros a la carta

A la carta es un servicio especializado para
empresas,
librerías,
bibliotecas,
editoriales
y centros de enseñanza;
y permite confeccionar libros que, por su formato y con-
cepción, sirven a los propósitos más específicos de estas ins-
tituciones.

Las empresas nos encargan ediciones personalizadas para
marketing editorial o para regalos institucionales. Y los in-
teresados solicitan, a título personal, ediciones antiguas, o
no disponibles en el mercado; y las acompañan con notas y
comentarios críticos.

Las ediciones tienen como apoyo un libro de estilo con
todo tipo de referencias sobre los criterios de tratamiento ti-
pográfico aplicados a nuestros libros que puede ser consulta-
do en Linkgua-ediciones.com.

Linkgua edita por encargo diferentes versiones de una
misma obra con distintos tratamientos ortotipográficos (ac-
tualizaciones de carácter divulgativo de un clásico, o versiones estrictamente fieles a la edición original de referencia).

Este servicio de ediciones a la carta le permitirá, si usted
se dedica a la enseñanza, tener una forma de hacer pública
su interpretación de un texto y, sobre una versión digitaliza-
da «base», usted podrá introducir interpretaciones del texto
fuente. Es un tópico que los profesores denuncien en clase
los desmanes de una edición, o vayan comentando errores de
interpretación de un texto y esta es una solución útil a esa
necesidad del mundo académico.

Asimismo publicamos de manera sistemática, en un mismo catálogo, tesis doctorales y actas de congresos académicos, que son distribuidas a través de nuestra Web.

El servicio de «libros a la carta» funciona de dos formas.

1. Tenemos un fondo de libros digitalizados que usted puede personalizar en tiradas de al menos cinco ejemplares. Estas personalizaciones pueden ser de todo tipo: añadir notas de clase para uso de un grupo de estudiantes, introducir logos corporativos para uso con fines de marketing empresarial, etc. etc.

2. Buscamos libros descatalogados de otras editoriales y los reeditamos en tiradas cortas a petición de un cliente.

www.ingramcontent.com/pod-product-compliance
Lightning Source LLC
Chambersburg PA
CBHW020705260626
47157CB00008B/3152